Chevallier

INAUGURATION

D'UN MONUMENT

A LA MÉMOIRE

DE

LOUIS-NICOLAS VAUQUELIN.

NOTICE BIOGRAPHIQUE

DE

CE CHIMISTE,

Par M. A. Chevallier, chimiste,

Membre de l'Académie nationale de médecine, du conseil de salubrité, etc.

1850

INAUGURATION

D'UN MONUMENT

A LA MÉMOIRE DE LOUIS-NICOLAS VAUQUELIN.

A messieurs les Rédacteurs du Journal de chimie médicale.

Messieurs,

Témoin oculaire de la cérémonie qui a eu lieu le 23 juin dernier à Saint-André-d'Hébertot, je m'empresse de vous adresser quelques détails sur cette inauguration.

Une borne monumentale, plantée à l'embranchement de quatre chemins, dans un herbage situé à Hébertot, donné par M. Rébut, indiquera aux voyageurs la commune où est né Vauquelin, et lui signalera ses deux plus belles découvertes, le chrome et la glucine.

A deux heures après midi, les gardes nationales de Pont-l'Evêque et de Beuzeville sont arrivées avec les autorités; la cérémonie commença sur une estrade élevée en face le monument, où étaient réunis la famille, les autorités et les amis du défunt. Cinq discours ont été prononcés, rappelant tous plus ou moins les qualités de l'illustre Vauquelin. Je vous envoie le mien.

Trois ou quatre mille personnes venues de dix à douze lieues assistaient à cette belle inauguration, au milieu de la vaste prairie où est placé le monument. Une tente de trois cents couverts était élevée, où les trois cents souscripteurs sont venus à quatre heures assister au banquet. M. Cordier, représentant et ancien sous-préfet de Pont-l'Évêque, a proposé un toast en faveur des pauvres de la commune. Une quête faite par lui et par une des dames du banquet a produit 508 fr., plus 100 fr. donnés par le conseil municipal d'Hébertot, font un total de 608 fr., qui, placés à la caisse d'épargne, donneront 30 fr. de rente que les pauvres toucheront tous les ans, le 23 juin. Il est impossible de trouver rien de plus imposant et de plus digne que cette cérémonie où le grand nom de Vauquelin était dans toutes les bouches. Un temps superbe, un pays magnifique, de vastes prairies couvertes de tentes renfermant de nombreux convives venus de très loin rendre hommage à la science. La journée du 23 juin sera mentionnée dans les archives d'Hébertot et dans la mémoire des habitants comme un jour d'autant plus heureux que le nom de Vauquelin, mort depuis vingt ans, laisse encore des bienfaits.

A sept heures du soir la cérémonie était terminée. Tout s'est passé dans le plus grand calme, et chacun, en se retirant, saluait le simple monument placé pour rendre hommage à un des hommes trop rares et si dignes d'être aimés.

J'ai l'honneur, etc. E. DUCHEMIN, pharmacien.

Le Havre, le 20 juillet 1850.

DISCOURS DE M. DUCHEMIN.

Messieurs,

Quand la France affligée déplore la mort d'un grand citoyen, quand un membre de la grande famille humaine a, pendant sa vie, honoré sa patrie, chacun doit employer ses faibles moyens à faire connaître à la postérité l'homme bienfaisant enlevé à ses nombreux amis. Comme lui enfant de la Normandie, et fier d'avoir suivi ses leçons, je croirais manquer à un devoir bien cher à mon cœur si je ne jetais quelques fleurs sur la tombe de l'illustre Vauquelin.

Si l'antiquité a fait connaître à la postérité les noms des hommes célèbres de chaque époque, nous devons, comme contemporains, ne pas oublier les nôtres; nous devons surtout citer celui dont les nombreux travaux ont donné à la chimie le degré de splendeur qui la fait admirer, et qui, par ses savantes analyses, a fait découvrir tant de produits utiles à la France et à l'étranger.

Le nom de Vauquelin a parcouru les deux hémisphères ; il est salué du beau titre de bienfaiteur de l'humanité. Ce nom, connu par ses bienfaits, aura une renommée d'autant plus grande qu'il traversera les ateliers qui tous empruntent à la chimie la plupart de leurs travaux. Les artisans n'oublieront jamais le savant chimiste qui leur a fait connaître les moyens de simplifier leurs travaux, et leurs enfants béniront le nom de Vauquelin.

Chez le pauvre comme chez l'opulent, les grands noms ne sont pas oubliés : celui de Socrate a traversé les siècles, celui du chimiste français n'aura pas moins de durée.

Si nous n'avons pas en France, comme en Angleterre, d'abbaye de

Westminster pour placer près des rois nos hommes illustres, notre patrie n'en est pas moins reconnaissante ; chaque département se dispute l'honneur d'élever des monuments à ses grands hommes. Le Calvados n'a pas voulu rester en arrière : la postérité saura où est né Vauquelin.

La nature est pauvre en grands hommes; tâchons, messieurs, de perpétuer les noms de ceux que la mort nous soustrait ; élevons des monuments qui résistent aux intempéries des saisons ; remercions la famille Vauquelin d'avoir déjà rempli nos vœux.

La place où cette borne vient d'être plantée sera saluée du voyageur, en lui indiquant où est né notre ami. Et vous, habitants d'Hébertot, soyez fiers de votre village : il possède les cendres et a donné naissance à celui qui fut, non-seulement l'ami de Napoléon, mais encore un des grands hommes que notre patrie honore et n'oubliera jamais.

Hébertot, 23 juin 1850.

E. DUCHEMIN, pharmacien au Havre.

N'ayant pu, par suite d'une indisposition grave, assister à la cérémonie de l'inauguration du monument élevé en souvenir de Vauquelin (1), nous publierons la notice que nous avions préparée pour cette solennité, notice dans laquelle nous avons cherché à rappeler la simplicité et les vertus d'un savant modeste.

---

(1) C'est avec le chagrin le plus vif que nous avons appris qu'on n'avait pas invité à cette cérémonie les corps savants auxquels Vauquelin avait appartenu. Certainement, l'Académie des sciences, l'Académie de médecine, la Faculté de médecine, le Collége de France, le Muséum d'histoire naturelle, l'École de pharmacie, l'École des mines, la Société philomatique, l'Ecole polytechnique, se seraient fait représenter à cette solennité. Il en eût été de même des élèves de Vauquelin : la plupart d'entre eux, s'ils avaient été prévenus à temps, se seraient rendus à Hébertot afin de donner à Vauquelin un dernier témoignage de souvenir.

NOTICE BIOGRAPHIQUE

SUR M. VAUQUELIN (1);

Par A. Chevallier.

Louis-Nicolas VAUQUELIN est né à Saint-André-d'Hébertot, département du Calvados, à 14 kilomètres de Pont-Audemer, 6 kilomètres de Pont-l'Evêque, le 16 mai 1763.

Ses parents, peu riches, étaient cependant propriétaires d'une petite cour (2); mais son père, chargé d'une nombreuse famille, faisait des travaux pour les maîtres du château d'Hébertot, qui était habité par un petit-fils du chancelier d'Aguesseau.

Vauquelin passa une partie de sa jeunesse près de son père, qui était devenu l'homme de confiance, chargé de surveiller les travaux de la campagne. Il le suivait dans ses courses et l'aidait dans ses travaux. Plus tard, occupant de hautes fonctions, quand il revenait à Hébertot, il reconnaissait et tutoyait les anciens camarades avec lesquels il avait joué ou travaillé; il montrait avec plaisir les champs qu'il se souvenait d'avoir moissonnés, les prés qu'il avait fauchés, les arbres qu'il avait aidé à planter.

Le propriétaire du château d'Hébertot avait institué une école publique pour les enfants de Saint-André-d'Hébertot. Cette école était dirigée par un nommé Vatel, homme plus que sévère. Vauquelin, qui avait été admis dans cette école, avait, par son aptitude à l'étude et par une mémoire heureuse, apprivoisé Vatel, et bientôt le bon sens de ce maître d'école lui permit de reconnaître que Vauquelin en savait autant et peut-être plus que lui; il lui confia alors l'instruction de ses autres élèves, tâche que notre célèbre chimiste remplissait avec zèle et assiduité. « Jamais, » disait depuis M. Vauquelin, en se rappelant ses premières années, « Vatel n'a eu besoin de me faire la moindre réprimande. »

---

(1) Nous avons dû recourir, pour la rédaction de cette notice, à l'éloge de ce savant, qui avait été lu à la Société de pharmacie par M. Robinet en 1830, éloge qui nous était commun avec M. Robinet.

(2) On donne le nom de *cour* aux habitations rurales normandes.

L'époque de l'instruction religieuse étant arrivée, Vauquelin fit sur l'esprit du curé, homme respectable de l'ordre de Prémontré, les mêmes progrès que ceux qu'il avait faits sur celui de Vatel : bientôt instruit, il instruisait à son tour une partie de ses camarades, et le curé se plaisait à causer avec lui ; il l'invitait souvent à dîner.

La mère de Vauquelin, femme respectable, élevait ses enfants avec le plus grand soin ; juste et sévère, elle distinguait Louis de ses frères ; elle lui faisait réciter ses leçons, vantait sa mémoire, et lui répétait souvent : « Travaille, mon pauvre Colin, tu auras de beaux habits comme ces « messieurs du château (1). » Vauquelin, satisfait de ce présage, sautait de joie, redoublait d'attention dans ses études et faisait de plus rapides progrès. Cette exhortation de la mère de M. Vauquelin, qui paraît l'avoir excité au travail, est fort singulière : en effet, il est remarquable de voir Vauquelin se réjouir dans l'espérance d'avoir un bel habit, lui qui, plus tard, fut l'homme le plus simple et le plus modeste dans ses vêtements.

Vauquelin, ayant atteint l'âge de quatorze ans, quitta Hébertot et vint à Rouen ; arrivé dans cette ville, il entra, on ne sait par quelle circonstance, comme garçon de laboratoire chez un pharmacien de Rouen qui faisait un cours de physique et de chimie. Vauquelin, qui assistait à ce cours pour rincer les verres, écoutait avec une attention remarquable, et dans ses moments de loisir il rédigeait les leçons qu'il avait entendues. Le pharmacien, ayant appris que Vauquelin avait recueilli des notes, se fit présenter les cahiers ; il fut étonné de la clarté des idées et de la rédaction qui, depuis il l'a avoué, était meilleure que la sienne. Par l'effet d'un amour-propre mal entendu, il le priva de ces cahiers, ce qui causa à Vauquelin une peine des plus vives.

Les élèves qui travaillaient chez ce pharmacien, et qui avaient apprécié notre célèbre chimiste, furent saisis d'indignation : ils lui prédirent presque son avenir ; ils le déterminèrent à quitter Rouen pour venir travailler à Paris comme élève en pharmacie.

Les succès qu'obtint Vauquelin à Paris changèrent la manière de voir du pharmacien qui l'avait si peu apprécié : il se vantait de l'avoir eu pour élève ; il lui écrivait *pour le prier de lui faire l'honneur de descendre chez lui lorsqu'il irait à Rouen.*

M. Vauquelin pardonna franchement à ce pharmacien les torts qu'il

(1) Ces paroles sont exactement celles de la mère de M. Vauquelin ; par ces *messieurs*, elle entendait les gens à livrée du château.

avait eus envers lui; mais il se souvenait quelquefois avec amertume de ce qu'il avait été privé de ses cahiers. Il disait alors : « J'ai éprouvé dans « ce moment plus de peine que si on m'avait enlevé mes habits. »

Vauquelin, avant de venir à Paris, alla visiter sa famille; il fut alors chargé par le curé d'une somme assez considérable d'argent qu'il envoyait à son couvent, situé aux environs de Saint-Germain-en-Laye. Une lettre jointe à l'envoi était écrite en termes si flatteurs pour Vauquelin, que le prieur l'accueillit avec la plus aimable cordialité et qu'il le força à rester plusieurs jours dans le couvent, où il fut bien traité.

De retour de Saint-Germain, notre jeune chimiste entra comme élève en pharmacie chez Picard, pharmacien, rue Saint-Honoré, beau-père de M. Goupil, où il resta deux ans. Il profitait de ses jours de sortie pour faire des visites à madame d'Aguesseau, qui habitait Paris et qui le recevait avec bonté, et l'exhortait à se bien conduire et à bien travailler.

Vauquelin, au sortir de chez M. Picard, entra chez M. Auprêtre, qui avait sa pharmacie rue de Seine, faubourg Saint-Germain. Il fût resté longtemps chez ce pharmacien qui s'occupait de littérature, s'il n'eût été atteint d'une maladie qui le força de se mettre au lit. Cette maladie prenant un caractère de gravité, Vauquelin quitta Auprêtre, qui n'avait ni femme ni domestique qui pussent lui porter des secours; il se fit conduire à l'Hôtel-Dieu, où il resta deux mois. Il en sortit, à peine convalescent, pour entrer chez M. Chéradame, beau-père de M. Laugier, qui avait sa pharmacie rue Saint-Denis, où il acheva de se rétablir par les bons soins de la famille Chéradame, et par ceux que lui prodigua une des sœurs de Fourcroy, madame Guedon, qui, accablée par des malheurs, avait été recueillie par cette famille.

Vauquelin resta deux ans dans la pharmacie Chéradame. Il profita de tous les instants de loisir qu'il eut dans cette maison pour s'occuper d'étudier la langue latine. Un de ses camarades, M. Prempain, qui est décédé pharmacien à Argenton, alors élève comme lui dans la même maison, lui donnait des leçons.

Pour classer dans sa mémoire les différents mots latins, chaque fois qu'il sortait pour aller chercher ou porter des médicaments, il emportait avec lui une feuille d'un vieux dictionnaire qu'il étudiait pendant le trajet qu'il avait à parcourir.

A cette époque, Vauquelin s'occupait aussi de botanique. Le dimanche de sortie était consacré à suivre les herborisations, et M. Dubuc, de Rouen, qui était alors élève chez MM. Demorette et Sureau, rue Saint-

Martin, allait quelquefois herboriser avec Vauquelin ; il était étonné de sa mémoire. M. Dubuc, dans une de ses lettres, s'exprime de la sorte : « Je vous avoue qu'il m'en imposait par la facilité qu'il avait d'ap-« prendre, et nous le jugions digne d'être notre chef. »

C'est aussi dans la maison de M. Chéradame que Vauquelin fit connaissance avec M. Laugier, qui venait voir sa cousine, mademoiselle Chéradame, maintenant madame veuve Laugier ; et là, M. Prempain, qui donnait des leçons de latin à Vauquelin, en recevait de grec de M. Laugier.

Vauquelin était laborieux ; mais il s'attirait quelquefois des reproches de son patron. Lorsque celui-ci était absent, Vauquelin prenait des verres à expériences, des réactifs, faisait des mélanges, et restait en contemplation devant les réactions qu'il avait produites. Il ne se contentait pas d'étudier le jour, plusieurs fois M. Chéradame le surprit étudiant dans son lit au milieu de la nuit. Il lui fit à ce sujet des réprimandes, en se basant sur les accidents qu'il pouvait causer.

C'est encore chez M. Chéradame que Vauquelin fit la connaissance de Fourcroy, connaissance qui lui fut éminemment utile, puisque ce fut ce savant qui dirigea Vauquelin, qui détermina sa vocation pour la chimie, qui l'associa à ses travaux et qui le fit connaître au monde savant.

Fourcroy, cousin-germain de M. Chéradame, se délassait quelquefois de ses travaux en visitant ses amis ; il venait, sans être invité, s'asseoir à la table de ce pharmacien, où il trouvait de ces plaisirs simples dont sont privés les hommes d'une grande célébrité, qui le plus souvent ne s'appartiennent pas.

Après un dîner de famille, la conversation se porta sur les élèves : Chéradame fit connaître à Fourcroy les bonnes qualités de Vauquelin, tout en se plaignant de son amour pour la chimie et de sa passion pour l'étude. Il émit l'idée que cet élève ferait un sujet distingué.

Vauquelin, qui s'était levé à la fin du repas, entra par hasard dans la salle comme cet entretien venait de finir. Fourcroy, qui avait conçu de suite l'idée de s'attacher ce jeune homme, s'adressa à lui, et le colloque suivant s'établit :

— On dit, M. Vauquelin, que vous aimez beaucoup la chimie?

— Beaucoup, monsieur.

— Est-ce que vous voudriez en faire?

— Ce serait mon bonheur.

— Voulez-vous venir chez moi? Il faudra travailler. Je ne suis pas bien riche ; mais je vous nourrirai et je vous donnerai cent écus par an.

Vauquelin accepta. Il quitta la maison de M. Chéradame et vint habiter chez Fourcroy; il s'occupa avec zèle des travaux du laboratoire, mérita l'estime et l'amitié de M. Fourcroy et celle de madame Lebailly, sa sœur, qui dirigeait sa maison. A la fin de la deuxième année, Fourcroy, pour témoigner à Vauquelin son contentement, lui fit remettre par madame Lebailly une superbe montre d'argent. Ce fut le premier bijou que M. Vauquelin ait eu en sa possession; il le conserva avec un soin extrême.

Vauquelin était d'une complaisance et d'une timidité sans bornes. Pénétré de la plus vive affection pour madame Lebailly, femme pleine d'esprit et du plus grand mérite, il lui servait de chevalier, et quand elle allait rendre visite à M. Laugier, qui, de père en fils, était trésorier aux Quinze-Vingts, il l'accompagnait jusqu'à la porte, refusait d'entrer, et, assis sur les bancs de pierre qui garnissent la cour, il attendait sa sortie.

Les visites de madame Lebailly à M. Laugier père se renouvelant de temps en temps, on s'aperçut de la timidité de Vauquelin, et M. Laugier fils le força à entrer chez son père et à se considérer comme un ami de la maison. C'est de cette époque que date l'amitié que conçurent l'un pour l'autre deux hommes destinés à suivre la même carrière, à habiter le même établissement, à partager les mêmes travaux et les mêmes honneurs; cette amitié s'accrut lorsque M. Laugier entra chez Fourcroy et vint travailler avec Vauquelin dans le même laboratoire.

Vauquelin, sans discontinuer de travailler dans le laboratoire de Fourcroy, cessa de demeurer avec lui; il alla habiter avec les sœurs de ce savant, qui venaient d'ouvrir, rue des Boucheries-Saint-Germain, une petite boutique de parfumerie et de jouets d'enfants. Là il tomba malade une seconde fois; cette maladie dura neuf mois, temps pendant lequel madame Guedon et madame Lebailly le traitèrent comme un fils, lui prodiguèrent les soins les plus affectueux, lui procurèrent le linge qui lui était nécessaire; elles pourvurent enfin à tous ses besoins.

Vauquelin ne savait s'il devait accepter les bienfaits des sœurs de Fourcroy; mais madame Lebailly le rassurait et lui répétait sans cesse : « Acceptez; si quelque jour vous réussissez, vous nous rendrez ces lé« gères avances. »

Vauquelin, étant entièrement rétabli, reprit le cours de ses travaux chimiques. Il suivait en même temps des cours de physique et d'histoire naturelle. Sous un ancien prêtre, il fit une année de philosophie, et se fit recevoir maître ès arts.

Vauquelin, ayant terminé ses études, s'occupait constamment de chimie; il préparait le cours que Fourcroy faisait au Lycée (maintenant l'Athénée des arts). C'est dans cet établissement que Vauquelin professa pour la première fois. Fourcroy, qui connaissait et appréciait tout le talent de Vauquelin, l'engagea à faire un cours. N'ayant pu le décider, il obtint de lui qu'il ferait une répétition de son cours de chimie, et cette répétition eut lieu dans le laboratoire du Lycée. M. Laugier, qui assistait à la première séance, dit que Vauquelin, tout déconcerté, eut beaucoup de peine à faire sa première leçon; il cherchait ses mots, balbutiait, tout en disant d'excellentes choses. Cette manière d'être ne doit pas étonner ceux qui ont connu Vauquelin, car ils savent que, chaque année, lorsqu'il devait commencer son cours, il était malade, et que la maladie ne se dissipait que quand il avait fait cinq ou six leçons (1).

Vauquelin, ayant un peu vaincu sa timidité, accepta la proposition que lui fit Fourcroy de le remplacer dans la chaire de chimie du Lycée, et il fit alors dans la salle publique un cours qui fut préparé par M. Laugier; il continua ce cours pendant plusieurs années.

Fourcroy, appréciant de plus en plus Vauquelin, l'associa à ses travaux, et bientôt la publication de nombreux mémoires fut la suite de cette association qui devint avantageuse pour tous les deux. Fourcroy, ayant la plus intime connaissance de la philosophie chimique, concevait les travaux à faire, il les indiquait à Vauquelin qui pratiquait avec une extrême habileté; réunis, ils discutaient les résultats obtenus, poussaient plus loin leurs recherches, recueillaient de nouveaux faits qui, le plus souvent, étaient rédigés par Fourcroy, et publiés sous les noms collectifs de Fourcroy et de Vauquelin.

En 1792, Vauquelin, qui s'était fait recevoir pharmacien, dirigeait la pharmacie de M. Goupil, rue Sainte-Anne; et le 10 août de la même année, il eut le bonheur de sauver la vie à un soldat suisse qui, échappé des Tuileries, s'était soustrait par la fuite à la fureur du peuple.

En sauvant la vie à ce malheureux, Vauquelin exposait la sienne et celles de mesdames Lebailly et Guedon, qui habitaient avec lui.

Peu de temps après cet événement, Vauquelin reçut d'H......... une lettre qui contenait ces mots : « *Pars, fais-nous du salpêtre, ou je t'en-* « *voie à la guillotine.* » On prétend que cet ordre menaçant était un bienfait, il assurait la sécurité de Vauquelin dont on avait besoin. Vauquelin courut prendre ses instructions et se mit en route.

(1) Laugier, ce savant si modeste, était aussi malade lorsqu'il devait, chaque année, commencer son cours.

En 1793, par suite des événements de la révolution, Vauquelin, qui était revenu à Paris, le quitta de nouveau ; il fut employé comme pharmacien militaire à l'hôpital de Melun. Il ne resta pas longtemps dans cette ville; et l'année suivante, 1794, rappelé à Paris, il fut nommé professeur-adjoint de chimie à l'*Ecole centrale des travaux publics*, qui, en septembre 1795, prit le nom d'*Ecole polytechnique*. Les cours de chimie, à cette époque, étaient faits par Fourcroy et par Guyton-Morveau, les répétitions par Vauquelin.

A peu près à la même époque, on réorganisa l'*Ecole des mines*. Vauquelin obtint le titre d'inspecteur et fut chargé de faire un cours de docimasie; il vint habiter un appartement dans les bâtiments de l'Ecole, qui, projetée par le cardinal Fleury, avait seulement été instituée en 1783, dans la rue de l'Université.

Pour la première fois de sa vie, Vauquelin eut un logement à lui. Plein de reconnaissance pour les services que lui avaient rendus les sœurs de Fourcroy, mesdames Lebailly et Guedon, il disposa en leur faveur de la plus grande partie de son appartement. Depuis ce moment, ces dames ne le quittèrent plus qu'à leur mort; elles prirent la direction de ses affaires.

Plus tard, les bâtiments de l'Ecole des mines ayant dû être employés à une autre destination, Vauquelin vint habiter la rue de la Paix, maintenant la rue de l'Abbaye-Saint-Germain-des-Prés; il ne quitta ce logement que pour aller prendre au Jardin-des-Plantes celui qui était devenu vacant par le décès de M. Brongniart, professeur de chimie.

En 1795, Vauquelin fut nommé membre de l'*Institut national*, maintenant l'*Académie des sciences*.

Lors de l'établissement de l'ordre de la Légion-d'Honneur, il reçut la croix et fut nommé chevalier de l'empire.

L'Ecole spéciale de pharmacie ayant été créée, Vauquelin en fut nommé directeur.

A peu près à la même époque il obtint le titre d'essayeur de la garantie des bijoux d'or et d'argent à Paris; il remplissait cette place importante avec le plus grand zèle. Depuis quelques années il avait appelé près de lui, pour le seconder dans les essais, l'un de ses frères, M. Pierre Vauquelin.

Vauquelin, à la mort de M. d'Arcet père, avait été nommé professeur de chimie au collége de France; mais, plus tard, le père de M. Brongniart, de l'Institut, qui professait la chimie appliquée aux arts au Muséum d'histoire naturelle (au Jardin-du-Roi), étant décédé, M. Vauquelin fut nommé pour lui succéder, sur la présentation unanime qui en fut faite par les membres de l'Institut, par l'administration et par les inspecteurs des études.

Vauquelin, en acceptant cette dernière chaire, fut dans l'obligation de donner sa démission de professeur au Collége de France, ce qu'il fit sans regret, la place du Collége de France devant être donnée à un de ses élèves.

Vauquelin commença alors son cours de chimie appliquée aux arts, cours qui durait trois ans, et qu'il continua presque jusqu'à sa mort.

Le cours de chimie fait par Vauquelin était suivi par un petit nombre de personnes; mais cette réunion était composée de gens instruits qui venaient apprendre ce que l'on ne trouvait pas dans les livres, et ce que Vauquelin avait appris dans sa longue pratique. Nous devons regretter que ce cours, quoique fait sans méthode, n'ait pas été publié ; cette publication eût pu produire de grands résultats par l'application dans nos fabriques des savantes remarques de notre illustre maître.

Fourcroy ayant succombé à une attaque d'apoplexie, la place de professeur de chimie à la Faculté de médecine devint vacante. Vauquelin, en 1811, se présenta au concours ouvert à l'Ecole de médecine; mais telle était l'estime et la vénération qu'il inspirait à ses concurrents, que ceux-ci refusèrent de lui disputer cette chaire, dont il était reconnu d'avance le plus digne. Il fut à cette époque reçu docteur en médecine, sur la présentation d'une thèse qui avait pour objet l'analyse de la matière du cerveau de l'homme, analyse par laquelle il avait établi, à l'aide de nombreuses expériences, que le cerveau de l'homme est à peu près composé des mêmes substances que celui des animaux.

Vauquelin conserva cette place de professeur jusqu'en 1822. A cette époque, moins favorablement apprécié par le ministère qu'il ne le méritait, il fut disgracié. Cette disgrâce, qu'il partagea avec d'illustres confrères, MM. de Jussieu, Dubois, Pelletan, Pinel, Desgenettes, Chaussier, Lallement, Leroux et Moreau, le toucha vivement. Il en fut cependant moins affecté que l'homme qui en avait été la cause involontaire. Celui-ci se la reprochait sans cesse, et le chagrin qu'il en éprouva fut la principale cause de sa mort qui précéda celle de Vauquelin.

En 1820, lors de la création de l'Académie royale de médecine, Vauquelin fut nommé titulaire de la section de pharmacie, et souvent cette section eut à applaudir le savoir et la modestie de cet illustre chimiste.

En 1827, Vauquelin fut nommé chevalier de l'ordre de Saint-Michel, et en 1828 le département du Calvados le choisit pour un de ses représentants à la Chambre des députés. Vauquelin était un des membres de cette Chambre qui se faisait distinguer par son assiduité. Il n'était pas orateur; mais un esprit droit et éclairé, son amour du bien public, son désir de voir les progrès se faire sans anarchie, faisaient de Vauquelin un bon et loyal député.

Vauquelin habitait un appartement au Jardin-du-Roi; c'est là qu'il passa la plus grande partie de sa carrière, en compagnie des sœurs de Fourcroy. On peut dire à son éloge qu'il rendit au centuple à mesdames Lebailly et Guedon les soins qu'il en avait reçus. Il était tout à la fois pour ces dames un ami et un frère. Pendant tout le temps que vécut madame Lebailly, elle fut entièrement la maîtresse de diriger la maison et l'emploi des fonds de Vauquelin. Lors de la maladie qui la conduisit au tombeau, il la soigna comme l'aurait fait le meilleur des fils, et il lui rendait des services qui eussent peut-être répugné même à l'homme qui aurait fait toute sa vie une étude de soigner les malades.

Madame Lebailly ayant succombé, il reporta toute sa sollicitude sur madame Guedon, à laquelle il eut encore le chagrin de fermer les yeux après une longue et douloureuse maladie.

Vauquelin était simple et modeste; sa vie était celle d'un patriarche; ses amusements étaient le travail et la lecture : Horace et Virgile étaient ses auteurs favoris. Les visites que lui rendait un de nos savants les plus distingués, le bon M. Desfontaines, étaient encore un de ses plaisirs les plus vifs.

Vauquelin, peu musicien, aimait beaucoup la musique; son auteur favori était son compatriote Boyeldieu. Peu de jours avant sa mort, le 1er octobre 1829, l'un de ses élèves, qui avait été le voir à Hébertot, parlait à M. Duhamel des opéras nouveaux, dans le but de distraire Vauquelin de ses souffrances. Vauquelin prit alors part à la conversation, vanta avec chaleur le musicien normand, parla du *Calife* avec enthousiasme, et nous rappela, en les chantant, les plus jolis morceaux de cet opéra. Nous ne pensions pas, en cet instant, entendre les derniers chants du cygne : peu de temps après, le 15 novembre, Vauquelin n'existait plus.

Vauquelin avait emporté avec lui ses auteurs favoris, Virgile et Horace; il les lisait et les relisait sans cesse. Il avait puisé dans cette lecture un goût et une élégante simplicité qui se faisaient surtout remarquer dans sa correspondance familière. Nous croyons pouvoir en donner un exemple en rapportant ici une lettre qu'il écrivait, le 12 juillet 1829, à madame Duhamel (1) :

« Madame,

« Si les dieux m'avaient donné le talent d'Horace ou de Virgile, je vous « aurais adressé, en reconnaissance de vos bienfaits, quelque ode ou « quelque pièce de poésie dont vous êtes un si digne sujet!

« Privé de ces dons divins, je ne puis vous offrir que le résultat d'un « travail grossier, mais dont l'hommage, que je vous prie d'avoir la bonté « d'agréer avec indulgence, est pur et sincère. VAUQUELIN. »

Ce travail, fait en juillet 1825, a pour titre : *Essai sur les marnes du Calvados.*

Vauquelin était porté à rendre service; mais il fallait qu'on le lui demandât : il ne s'imaginait point qu'on pût avoir besoin de sa protection; souvent il l'accordait sans penser qu'elle pût être utile. Cette manière de voir tenait à son extrême modestie qui ne lui avait pas permis de s'apprécier lui-même. Parmi les faits qui peuvent faire connaître l'homme, nous citerons le suivant, dont la source est incontestable; il fait connaître le noble caractère de Vauquelin, et en même temps il montre que le chimiste croyait au pouvoir de l'habit.

En 1808, Bonaparte, après le désastre de Baylen, ordonna que les Espagnols habitant Paris et qui pourraient donner des craintes fussent arrêtés pour être conduits dans divers dépôts. L'exécution suivit de près l'ordre donné, et soixante Espagnols (environ) furent conduits à la Préfecture de police, pour être, de là, dirigés sur diverses destinations. L'un d'eux, qui était venu à Paris pour étudier la chimie, suivait le cours de Vauquelin; n'ayant pas dans la capitale de protecteurs puissants sur lesquels il pût compter, il réclama l'appui de son professeur. Dès six heures du matin, Vauquelin, en costume de membre de l'Institut, était à la Préfecture de police pour réclamer et se porter garant du jeune Espagnol, qui fut mis en liberté.

Si M. Vauquelin eût dédaigné de s'occuper du jeune étranger qui réclamait son secours, ou s'il eût mis plus de temps à l'obliger, la France et l'Espagne compteraient peut-être un savant de moins. Le jeune Espagnol réclamé si chaudement par Vauquelin était M. Orfila (2), qui, depuis, s'est fait une réputation européenne.

(1) Cette lettre a été autographiée par nos soins, et nous la conservons, non-seulement comme un modèle de simplicité et de bon goût, mais encore comme un *fac-simile* de l'écriture de Vauquelin. A. C.

(2) Nous tenons ces faits de M. Orfila lui-même.

Vauquelin, quoique timide, avait un caractère ferme, et il était difficile de l'empêcher de dire sa façon de penser ; le fait suivant peut en donner un exemple. Ce fait a été rapporté de diverses manières dans les journaux ; mais nous le tenons de M. Duhamel, à qui M. Vauquelin le racontait peu de jours avant sa mort.

Un premier jour d'avril, Fourcroy, Vauquelin et d'autres savants avaient été invités à aller à la Malmaison.

Dans la conversation, l'empereur se plaignit vivement d'avoir reçu le matin une lettre qui venait d'Allemagne et qui, pour le courrier, lui coûtait quatre mille francs, quoiqu'il n'y eût rien d'écrit dans cette lettre.

Fourcroy fit observer à l'empereur que peut-être cette lettre était écrite avec de l'encre sympathique.

L'empereur lui dit que non, et que des recherches avaient été faites dans le but de reconnaître la présence d'une encre quelconque ; mais qu'elles avaient été inutiles.

Vauquelin, qui jusque-là avait réfléchi sans rien dire, se souvenant de la date de réception de la lettre, s'écria : « Il faut avouer, sire, que « c'est un désagréable *poisson d'avril !* »

L'empereur, sans répondre à Vauquelin, le regarda d'un air sévère ; mais bientôt cette sévérité s'adoucit, et dans la journée il s'entretint avec familiarité, comme il le faisait quelquefois, avec notre célèbre chimiste.

Vauquelin appartenait à un grand nombre de Sociétés savantes françaises et étrangères, et particulièrement à la Société royale de Londres, à la Société de pharmacie de Paris, aux Sociétés philomatique et d'agriculture, à la Société de chimie médicale de la même ville. Il a fait un grand nombre d'élèves, parmi lesquels on compte : MM. Bouchardat, Caventou, Chevreul, d'Arracq, Descotils, Grimm, Guérard, Kulmann, Lodibert, Marcadieu, Meyrac, Pallas, Payen, Pelletier, Quesneville, Robinet, Robiquet, Tassart père et fils, Thierry (de Caen), etc., etc. Nous avons pu aussi profiter, non-seulement de ses leçons, mais encore de ses conseils, et, pendant plus de cinq ans que nous sommes resté dans son laboratoire, nous fûmes traité comme son propre fils ; pour contenter Vauquelin, nous n'avions qu'une seule chose à faire, c'était de chercher à l'imiter, en nous livrant constamment au travail.

Vauquelin travaillait sans relâche, et avant son dernier voyage en Normandie il avait commencé divers travaux : 1° sur l'origine du beurre de galam et sur la nature chimique du fruit qui le produit ; 2° sur les eaux considérées dans leurs rapports avec la géologie, l'hygiène et les arts. Déjà ce travail était avancé, et dix des eaux distribuées dans Paris avaient été analysées.

L'analyse de l'eau de l'Ourcq avait été demandée par le préfet de la Seine, et il avait reconnu : 1° que cette eau contenait 0,479 de substances solides sur 1,000 parties d'eau; 2° que l'eau de la Seine contenait 0,182 de matières solides sur 1,000 parties d'eau ; 3° que les sulfates de chaux et de magnésie sont en proportion beaucoup plus considérable dans les eaux de la Seine au sortir de Paris que dans les eaux du canal ; 4° que l'analyse des eaux de la Seine, prises sur les deux rives, démontre qu'elles sont différentes les unes des autres; en effet, sur la rive droite l'eau contient du carbonate, du sulfate et de l'hydrochlorate de magnésie; sur la rive gauche on ne trouve ni carbonate ni sulfate de cette base; 5° que sur la rive droite les sels déliquescents ne donnent aucun indice de nitrate, tandis que la présence sur la rive gauche d'un sel à base d'acide nitrique y est bien évidente; 6° qu'il est démontré par l'analyse des eaux de la Seine et de la Marne, et par celle des eaux de la Seine prises à Paris sur les deux rives, que les eaux de la Seine et de la Marne arrivent dans cette capitale sans être mêlées; ce qu'on avait déjà pu reconnaître par la couleur de l'eau, qui est différente à certaines époques.

Vauquelin faisait de temps en temps des voyages dans la contrée qui l'avait vu naître. Ces voyages étaient autant de triomphes, chacun s'empressait d'accueillir et d'inviter le savant qui devait son élévation à l'amour du travail.

Vauquelin conduisit mesdames Lebailly et Guedon à Hébertot; il alla s'installer au château, chez le propriétaire, M. Duhamel, qui se faisait un plaisir de les recevoir.

Plus tard, venu seul à Hébertot, il voulut occuper une petite maison qu'il louait, et dans laquelle il n'y avait que deux chambres habitables, encore l'une d'elles fut-elle transformée en laboratoire, et c'est là qu'il fit ses deux derniers travaux :

1° L'*Analyse de l'eau de la fontaine de Vimont*, *paroisse de Saint-André-d'Hébertot*, *fontaine où avait été puisée l'eau avec laquelle on l'avait baptisé;*

2° Un *Essai sur les marnes du Calvados* (1).

A peine Vauquelin était-il arrivé à Hébertot, qu'il courait voir sa mère;

(1) Cet *Essai* et l'*Analyse de l'eau de la fontaine de Vimont* ont été publiés dans le *Journal de Chimie médicale*.

il la promenait partout, il la conduisait chez toutes ses anciennes connaissances. Il fit tous ses efforts pour amener cette bonne mère à Paris, afin de la fixer près de lui ; mais cette femme, pleine de bon sens, s'y refusa constamment. « Qu'est-ce que je ferais à Paris avec ces belles dames ? « disait-elle. J'aime mieux notre chaumière. » La mère de Vauquelin vécut jusqu'à l'âge de quatre-vingt-treize ans, et jusqu'à cette époque elle filait pour faire du linge à un des frères de Vauquelin, au frère Jacques.

Vauquelin, depuis quelques années, avait éprouvé des chagrins. Sa disgrâce à la Faculté de médecine, la perte d'un neveu qu'il chérissait et qui semblait devoir perpétuer dans la science le nom de Vauquelin, altérèrent sa santé ; il fit deux maladies graves. A peu près rétabli de ces maladies, il résolut de passer à la campagne une partie de l'été de 1829, espérant que ce séjour rétablirait entièrement sa santé.

En passant à Rouen, il alla voir une de ses anciennes connaissances, M. Lebret, et, comme il avait quelques instants de disponibles, il proposa à ce pharmacien d'aller faire une herborisation. Celui-ci accepta avec le plus vif plaisir. Cette herborisation fut courte, mais elle fit le plus grand plaisir à M. Lebret : « Vauquelin, dit-il, fut plein d'amabilité, et « le court et dernier espace de temps que je passai avec lui ne s'effa- « cera jamais de ma mémoire. »

Vauquelin, parti de Rouen, vint s'établir à Hébertot ; il y resta deux mois. Pendant cet espace de temps, il fit des excursions multipliées ; il monta à cheval. Bientôt, l'influence de l'air natal se fit sentir sur les organes digestifs qui en ressentirent un surcroît d'activité et d'énergie. Vauquelin, qui prit cette amélioration pour l'expression vraie de ses forces, ne calcula pas assez la mesure de cette activité des organes et des forces digestives.

Parti d'Hébertot pour faire un voyage aux environs de Caen, en revenant de cette ville il s'arrêta à Pont-l'Evêque, dîna chez un ami, monta ensuite à cheval, et fit, pour se rendre à Hébertot, une lieue et demie par des chemins affreux ; il éprouva un froid vif qui porta le trouble dans sa digestion.

A son retour à Hébertot, Vauquelin accepta un logement chez M. Duhamel ; là tous les soins les plus empressés lui furent prodigués par les maîtres du château.

L'état de M. Vauquelin ayant empiré et son indisposition prenant un caractère inquiétant, on appela plusieurs médecins : MM. Simon et Lesauvage, de Caen. M. Fouquier, médecin ordinaire de Vauquelin, fut aussi consulté par lettre; mais on sait que ces consultations ne peuvent toujours être utiles, puisque l'état du malade n'est souvent plus le même au retour du courrier porteur de la consultation.

Les médicaments et les conseils donnés par M. Simon n'étant pas suivis, M. Simon en témoigna son mécontentement. Vauquelin, à qui les médicaments répugnaient, aima mieux se passer du secours de cet habile médecin que de se conformer à ses ordonnances.

M. Lesauvage, de Caen, resta seul pour conduire un malade difficile et dont le moral s'affectait aisément; il prit à notre célèbre chimiste le plus vif intérêt, et il faisait très souvent le trajet de Caen à Hébertot (douze lieues) pour venir le voir, le consoler et lui prodiguer ses savants conseils.

Conduire Vauquelin n'était pas chose facile pour un médecin; M. Lesauvage eut donc toute la peine possible à lui faire sentir quelle était la nécessité d'un régime sévère qui semblait contraster avec la grande faiblesse du malade. Cependant ce régime, suivi en partie, avait eu les plus heureux résultats. Le 9 août, Vauquelin écrivait à M. Laugier :

« Ma santé va assez bien; mais je n'ai pas encore entièrement recouvré « mes forces. Je compte rester à la campagne jusqu'à la fin de septembre, « à moins que quelque affaire urgente ne me force à la quitter plus tôt. « Tu me dis que tu es fatigué : je n'en suis point étonné. Le métier de « professeur, quand on le fait en conscience comme toi, n'est pas si doux « qu'on le croit communément. Tu feras bien d'aller passer quelque « temps à la campagne. Je voudrais que le lieu que j'habite ne fût pas « aussi éloigné de Paris, je t'inviterais à y venir; nous ferions ensemble « quelques petites courses, et nous parlerions de chimie que j'aime tou« jours beaucoup, mais que j'oublie tous les jours.

« Adieu, mon cher ami; je t'embrasse de tout mon cœur.

« VAUQUELIN. »

A la fin de septembre, Vauquelin ayant éprouvé une rechute, nous fîmes un voyage pour le voir. Nous fûmes rassuré à sa vue, et nous ne pensions pas qu'une mort prochaine nous priverait à tout jamais de l'homme estimable qui avait guidé nos premiers pas, et qui nous avait communiqué une étincelle de ce besoin d'apprendre qui le portait sans cesse à étudier.

Vauquelin, rétabli encore une fois, parlait déjà de son retour, qui était décidé, lorsqu'un écart de régime causa les accidents qui déterminèrent sa mort. Ce fut le 29 octobre que Vauquelin éprouva ce nouvel accident, qui nécessita de suite la présence de M. Lesauvage (1).

La présence du médecin ne put calmer les accidents survenus; la perte de l'appétit devint complète, la maigreur était extrême, l'irritation de l'estomac s'annonçait par un sentiment de chaleur qui se faisait ressentir après l'usage des boissons et surtout après le dégagement des gaz; enfin le malade était réduit au marasme lorsqu'il perdit la vie.

Quelques jours avant sa mort, il demanda à sa sœur, madame Pierre Vauquelin, une glace. Après s'être examiné pendant quelques instants, il lui demanda si elle ne remarquait pas sur ses traits et sur ses lèvres la pâleur de la mort; et, sur sa réponse négative, il répliqua : « Je res« sens cependant le froid des tombeaux. »

Vauquelin avait pressenti l'heure de sa mort. Le 14 novembre, à cinq heures du soir, il demandait à une personne qu'il affectionnait beaucoup et qui ne le quitta qu'à ses derniers moments, ce qu'avait dit M. Lesauvage. Sur la réponse qu'elle lui fit que le médecin n'avait rien dit, il répliqua : « Comment, il ne t'a pas dit que ce serait fini avant peu? Eh « bien! en ce cas, dis-moi adieu pour la dernière fois. »

A dix heures et demie, Vauquelin pria M. Duhamel de le retourner sur le côté gauche, et comme il avait calculé que son existence devait se terminer entre onze heures et minuit, il demandait souvent l'heure; en lui répondant on avait soin de le tromper. Cependant sa prévision fut juste, il cessa d'exister dans la nuit du 14 au 15 novembre 1829.

A dix heures il avait reçu la visite du vénérable pasteur de Saint-André-d'Hébertot, M. Giffard; et, après une conversation des plus touchantes entre un homme rempli d'une morale évangélique la plus pure et un malade que le pasteur louait pour sa résignation et pour son courage à

---

(1) Nous devons signaler à la reconnaissance des élèves de Vauquelin un brave homme, le nommé AVOINE. Cet homme, âgé de plus de soixante ans, s'était attaché à Vauquelin, qui l'aimait beaucoup. La rechute éprouvée par Vauquelin exigeant les secours du médecin, le sieur Avoine partit d'Hébertot à une heure après minuit, et, par des chemins affreux qui ne pouvaient être suivis qu'à pied, il fit les douze lieues qui séparent Caen d'Hébertot pour aller avertir M. Lesauvage.

Quatre des élèves de Vauquelin, MM. Lassaigne, Payen, Chevallier et Robinet, ont fait graver une médaille qui fut remise à cet homme qui se recommande encore à nos souvenirs. Avoine était un des marins qui faisaient partie de l'équipage commandé par Dupetit-Thouars pour aller à la recherche de La Pérouse.

supporter de vives souffrances, ils se donnèrent parole pour le lendemain... Mais Vauquelin n'existait plus!

Le convoi de Vauquelin fut simple pour l'homme, mais pompeux pour la localité. Le cortége se composait de plusieurs prêtres venus des environs, du bon pasteur de Saint-André d'Hébertot et des principaux habitants de cette commune, enfin de la famille de notre célèbre chimiste.

Un terrain acheté par ses parents renferme la dépouille mortelle de Vauquelin ; une pierre tumulaire rappelle aux voyageurs que ce célèbre chimiste est venu mourir aux lieux qui l'avaient vu naître.

Nous ne terminerons pas la première partie de cette notice sans exprimer un regret qui nous est commun avec les nombreux amis et élèves de cet illustre maître : c'est que ses dépouilles mortelles n'aient pas été apportées à Paris, et qu'aucune cérémonie ne les ait mis à même de lui donner une dernière marque de respect et d'attachement, en assistant aux honneurs funèbres qui lui auraient été décernés (1).

Parmi les découvertes faites par Vauquelin, celle du chrome et de ses composés suffirait pour rendre son nom immortel. En effet, le chrome et les produits qui dérivent de ce métal sont employés par les peintres, par les bijoutiers, par les fabricants de cristaux et de porcelaine, par les teinturiers, etc.; et il y a six mois à peine qu'on admirait à l'*Exposition de l'industrie française* de nombreux et brillants produits qui doivent toute leur valeur au chrome ou à ses composés.

La sagacité de Vauquelin était telle, que, chargé d'analyser une matière bleue qui s'était produite accidentellement dans un des fours de la fabrique de Saint-Gobin, Vauquelin conclut de son analyse que cette matière était de l'*outremer factice*, et que ce produit, dont il faisait connaître les éléments, pourrait être fabriqué de toutes pièces, devenir un produit commercial, et remplacer l'outremer du *lapis lazuli*, couleur qui était d'un prix très élevé, puisque les 500 grammes se vendaient jusqu'à 1,500 fr.

Les prévisions de Vauquelin se sont accomplies, et, grâce aux prix proposés et décernés par la Société d'encouragement dont Vauquelin était membre, cinq fabriques d'outremer factice sont établies en France,

(1) De ses élèves ont tout récemment fait exécuter, par mademoiselle Goblin, le portrait de cet excellent maître, et ils l'ont offert à l'Académie de médecine, qui l'a placé dans la salle de ses séances. Déjà plusieurs d'entre eux avaient fait placer sur la chaumière où est né Vauquelin une pierre gravée en souvenir de sa naissance.

et ce beau produit, dont on prépare des milliers de kilogrammes, est employé dans la peinture, dans les fabriques de papiers peints, dans l'art du confiseur, dans l'azurage de divers produits; il est livré aujourd'hui au commerce au prix de 12 fr. le kilogramme, prix qui, par la concurrence, deviendra moindre encore.

Les travaux chimiques dus à Vauquelin sont immenses; il nous serait impossible de les faire connaître ici. Nous signalerons seulement la découverte de la glucine dans l'émeraude; celle du chrome dans le plomb rouge de Sibérie; celle de procédés : 1° pour l'appréciation des potasses et des soudes dans les alcalis du commerce, 2° pour distinguer les diverses sortes d'étain; 3° pour retirer l'or et l'argent de l'eau de couleur des bijoutiers, 4° pour la fabrication du salin et de la cendre gravelée, 5° pour l'analyse des eaux minérales, etc., etc.

Vauquelin s'est occupé de l'étude des alliages d'étain et de plomb, de la congélation de divers liquides, de la composition des farines, des aluns; de l'analyse d'un très grand nombre de végétaux, parmi lesquels on doit citer : le seigle ergoté, la belladone, le tabac, le riz, les pommes de terre, le mucilage des graines de lin.

Les substances de nature animale furent aussi le sujet de ses recherches; il examina avec fruit le sang, la bile, les os, la matière cérébrale, l'émail des dents. On doit citer le magnifique travail qu'il entreprit avec Fourcroy, et qui eut pour sujet les calculs et les concrétions urinaires, travail qui, aujourd'hui, fait encore époque.

Lorsqu'on considère les travaux faits par Vauquelin et leur importance, on se demande comment, dans un espace de quarante-neuf ans, cet homme sorti d'une chaumière a pu, par la seule force de son génie, faire son éducation, se livrer avec succès à l'étude de la chimie et des sciences qui s'y rattachent, puis s'élancer au premier rang de la société en rendant d'immenses services à l'industrie de son pays.

A. CHEVALLIER.

(*Extrait du* Journal de Chimie médicale, *numéro de septembre* 1850.)

Paris. — Typogr. de E. et V. PENAUD frères, 10, rue du Faubourg-Montmartre.

95

www.ingramcontent.com/pod-product-compliance
Ingram Content Group UK Ltd.
Pitfield, Milton Keynes, MK11 3LW, UK
UKHW021034200726
13857UKWH00004B/1721

9 782012 784727